Modvareil

AF142995

Hommage à cette Chienne de Vie

Illustration : Florent Lucéa

Du même auteur

La manipulatrice, BoD, *Mars 2017*
En vers et contre tout, BoD, *Septembre 2017*
D'aussi loin que je me souvienne , BoD, *Octobre 2017*
Mes ressentis, BoD, *Mai 2020*

Remerciements

Ce recueil de poèmes est l'aboutissement de milliers de flux en moi : mes sentiments, mon vécu, et je tiens à remercier :

- Mes parents qui m'ont mise au monde, et aimée toute leur vie ;

- Mes enfants qui m'ont apporté toutes ces années leur amour, leur affection, leur présence et surtout de m'avoir accompagnée sur ce long chemin plein de méandres, de douleur et soutenus dans mes moments de détresse, de désarroi ;

- Un petit mot aux amis et à ma famille, loin ou près de moi, de m'accepter telle que je suis ;

- En particulier à mon nounours de partager ma vie, de sa patience devant mon désarroi, ma maladie, mes problèmes, d'être à chaque instant à mon écoute et de m'aimer en tant que femme.

- À toi mon pépé, ma mémé, loin de moi depuis plusieurs années, qui m'ont donné tout leur amour, qui depuis toujours veillent sur moi au-dessus des nuages en illuminant ma vie par les rayons du soleil.

Préface

Je ne sais à quel moment de ma vie, j'ai voulu faire connaître à mes enfants et au monde entier mes impressions, sur le véritable amour qui m'a toujours pourchassée tout au long de ma vie, un long chemin couvert de verts pâturages, d'embûches sous mes pieds : le bonheur, l'amour, les rires, la détresse, le désarroi, la peur, les coups, la tristesse, les appels aux secours, les larmes...

À ce jour, je ne sais toujours pas si le vrai bonheur m'a rattrapée. Mais je sais une seule chose, j'ai envie de faire partager et de vous raconter mon histoire à cet instant de ma vie à l'aube de mes soixante ans.

Un besoin de parler, de dire ce que je ressens de cette vie vécue depuis le jour de ma naissance, de rejeter loin de moi tout ce passé qui me remonte à chaque instant, jour et nuit devant moi.

Évacuer, rejeter tout ce mal qui me ronge au fur et à mesure des années écoulées. Un besoin de vider mon sac, de rendre des comptes, sur mes agissements en fonction des différents événements de mon existence sur cette terre. Je me sens bien seule face à tout ce poids au fond de mon être. Je voudrais crier au monde entier ma détresse et ce que je ressens dans mon cœur de femme meurtri. La solitude est mon quotidien, malgré mes petits-enfants, mes enfants, mes frères et sœurs, mes parents... Et pourtant, je devrais me sentir heureuse de vivre en les voyant.

Quand je me regarde, dans la glace, j'ai peur de partir sans être en paix avec moi-même, ma conscience, mettre tout sur la table dans l'ordre chronologique pour comprendre le pourquoi de ma chienne de vie ou ma vie de chienne que j'ai endurée pendant tout mon parcours, mes regrets, mes désirs, et surtout vivre enfin une vie normale, heureuse de se lever le matin, savourer tous les instants présents qui s'offrent à moi, et découvrir que je suis aimée, heureuse d'être sur cette terre à chaque minute qui s'écoule.

Depuis toujours deux personnalités s'affrontent, la femme ouverte dans son métier d'hommes qui sait se faire obéir, respecter, et la femme renfermée dans sa vie de couple qui subit tous les coups moraux et physiques portés sans se plaindre, par mon entourage.

Je suis avant tout une femme-enfant qui le restera toute sa vie, qui cherche auprès des personnes la tendresse, l'amour, la compréhension, la paix, la joie de vivre, le rire, une vie pleine de ces richesses que j'ai tant cherchés toutes ces années.

Je voudrais qu'on m'accepte telle que je suis, et non pas en me demandant de me retrancher derrière une image qui ne serait pas la mienne.

Introduction

Qui se cache derrière le pseudonyme MODVAREIL ?

Ou bien qui s'expose ?

Ce recueil intimiste fait état de bien des mots ou de « maux » de cette personnalité aux facettes multiples parfois torturée et dans le don d'elle-même.

À la recherche de l'amour, elle s'explique avec les autres et avec elle-même ?

Un tête-à-tête avec elle-même, mais tourmentée par le temps, les autres, les injustices.

Elle nous parle, elle nous crie et décrit son mal-être.

Elle cherche la clé pour guérir son âme blessée et décrire tout l'amour qu'elle porte en elle.

C'est une invitation à la rébellion pour elle-même, mais aussi pour nous tous.

En délivrant ces lignes, gagnera-t-elle le bonheur au bout du chemin et l'amour.

Tout ce qu'elle cherche, en fait... C'est l'amour.

8

À MON NOUNOURS

À mon nounours,

Mon amour pour toi est plus profond
Que le bleu de l'océan.

Mes sentiments sont aussi purs,
Que l'eau de la fontaine de Jouvence.

Ma tendresse est,
Comme l'infini de notre univers.

Mon affection est,
Comparable à un tourbillon,
Qui m'envahit au plus profond de mon âme.

Ton bébé qui t'aime.

.

AIMER

Ça s'intitule,

UN MOT.

Un mot, un seul,
Pour tout rassembler,
Pour tout résumer.
Un mot qui n'en finit pas d'être prononcé,
Qui ne finira jamais de construire.

Voici ce mot,
Qui brûle les lèvres.
Il monte du fond du cœur,
Il éclate comme le bonheur.

Par lui,

Toute la création s'est mise à chanter,
Pour transmettre d'âge en âge le sens de la vie,
La véritable force qui fait grandir l'humanité.

Un mot !

Prononcez-le autour de vous,
Faites-le grandir au fond de vous,
Vivez-le les uns avec les autres.

Soyez féconds de mille mains tendues,
Soyez joyeux d'un sourire qui efface toutes les rides.
Soyez lumineux de l'esprit qui rappelle à la vie !

Ayez en vous le mouvement vers l'autre !
Ayez pour vous la force des déracinements !
Ayez au-delà de vous, la seule attitude qui vous sauvera !

Jetez vos vieilles habitudes à la brocante des bons sentiments !
Rejetez les fantômes de vos trop vieilles coutumes !
Abandonnez toutes vos fausses pudeurs pour vivre l'esprit de
vérité !

Voici ce mot :

Il est trop simple, pour qu'on le vive seul !
Il est trop pur pour que nous puissions nous y accrocher de notre
propre force !
Il est trop pur pour la dureté de nos cœurs, pour la complexité de
notre propre force !

Alors, courage !
Par lui, le monde fut vaincu.
Il suffit de ce précepte :.........AIMER

AMOUR

Les heures passent,
La vie s'écoule
Comme un long fleuve,
Auprès d'un amour infini
Qui m'envahit.
Mon cœur bat à chamade,
Mon corps frémit sous tes caresses,
Mes yeux s'emplissent de larmes,
Ma bouche tremble de tes lèvres.
Tout mon être est en émoi,
À chaque instant passé près de toi,
Le soleil réchauffe ma vie,
Les étoiles caressent mes nuits,
Le vent balaye mes ennuis,
Et la nature complice
Vient à nous, s'unir.
Ma peur, ma douleur s'estompent,
Ma joie, mon bonheur s'épanouissent
Comme une caresse de jeunesse
Dont mon cœur se pénètre.
Tu es présent en moi,
Au plus profond de mon âme
Et je vis près de toi,
Des moments inoubliables,
À jamais enfouis dans mon cœur.

Les heures passent,

La vie s'écoule

Comme un long fleuve,

Auprès d'un amour infini

Qui m'envahit.
Mon cœur bat à chamade,
Mon corps frémit sous tes caresses,
Mes yeux s'emplissent de larmes,
Ma bouche tremble de tes lèvres.
Tout mon être est en émoi,
À chaque instant passé près de toi,
Le soleil réchauffe ma vie,
Les étoiles caressent mes nuits,
Le vent balaye mes ennuis,
Et la nature complice
Vient à nous, s'unir.
Ma peur, ma douleur s'estompent,
Ma joie, mon bonheur s'épanouissent
Comme une caresse de jeunesse
Dont mon cœur se pénètre.
Tu es présent en moi,
Au plus profond de mon âme
Et je vis près de toi,
Des moments inoubliables,
À jamais enfouis dans mon cœur.

À toi, Maman

« J'ai de toi une image
Qui ne vit qu'en mon cœur.
Là, tes traits sont si purs
Que tu n'as aucun âge.
Là, tu peux me parler
Sans remuer les lèvres,
Tu peux me regarder
Sans ouvrir les paupières.
Et lorsque le malheur
M'attend sur le chemin,
Je le sais par ton cœur. »

CRI DE DOULEUR

La misère non,
La dignité oui.

Nous ne sommes pas des bêtes,
Nous sommes des hommes.

Égalité pour tous,
Non aux pauvres,
Justice pour tous,
Non aux riches.

Il faut crier notre détresse,
Il faut crier notre désarroi.

Il faut implorer justice,
Il faut implorer égalité.

Il faut s'unir,
Il faut réagir.

Révoltons-nous tous ensemble,
Uni d'une seule voix : justice, égalité, fraternité.

Ne laissons pas notre destin,
Face à la décadence.

Nous devons prendre à deux mains,
Notre vie, nos espoirs, notre intégrité.

Nos cœurs sont blessés,
Personne ne dit rien,
Personne n'agit.

Tous ensemble, appelons à s'unir,
Contre l'anarchie, la convoitise,
Contre l'autorité sans cesse grandissante,
Ensemble d'une seule voie : agissons vite.

ESPOIR

Le temps est gris,
Le soleil pleure,
Nos cœurs saignent,
Nous sommes ensemble, mais si loin.
J'avance, tu recules,
Je m'éloigne, tu t'approches,
Nos corps s'enlacent,
Nos pensées se déchirent,
Sans jamais se rejoindre.
La peur de la vérité,
La souffrance de nos vies,
Nous laissent sans mot.
Nous sommes heureux,
Nous sommes tristes,
Nos cœurs pleurent,
Nos yeux s'emplissent de larmes,
Et pourtant, nous n'osons dire, je t'aime.
Chacun dans son âme,
Garde son secret,
Jaillira-t-il un jour ?
Les lendemains, nous le dirons,
Chacune de nos flammes, chasse l'autre,
Nous attendons le moment,
Où nous nous rejoindrons à jamais.

FEMME-ENFANT

Femme-enfant, je suis,
Femme-enfant, je resterai,
Au milieu d'un flot de bonheur,
Inondée de joie et d'amour,
Je parcours cette vie,
D'un regard lointain,
Je dis adieu à mon passé.
Enfant heureuse, femme malheureuse,
Je me bats contre mon destin,
Près de toi, enfouie dans tes bras,
Je deviens une enfant,
Et femme, lorsque tu m'attires près de toi.
Un univers s'ouvre à mes yeux,
Plein de charme,
Et cette femme-enfant découvre peu à peu,
S'évanouir ses cauchemars,
Pour laisser place aux mystères.
Je suis déchirée au fond de moi,
En découvrant que le bonheur,
Est à ma portée,
À ce moment présent,
Je suis cette femme-enfant,
Et femme-enfant, je resterai.
Pour le plaisir de me retrouver près de toi,
Tantôt enfant, tantôt femme,
Sans jamais les éloigner l'une de l'autre.

FRANÇAIS

Français de la France,
Français dans le cœur,
Français dans l'âme,
Français de toujours.

Regardons vers l'avenir,
Regardons nos enfants,
Regardons notre vie,
Regardons notre futur.

Levons-nous,
Levons les yeux,
Levons nos regards,
Levons tous les obstacles.

Crions tous ensemble,
Crions notre colère,
Crions nos angoisses,
Crions nos désarrois,

Demandons notre dû,
Demandons de vivre,
Demandons du travail,
Demandons la dignité.

Ne souffrons plus de ce carnage,
Ne souffrons plus de la déchéance,
Ne souffrons plus de la faim,

Ne souffrons plus d'être victime.

Nous voulons vivre,
Nous voulons vaincre,
Nous voulons la dignité,
Nous voulons être libres.

Français de la France,
Français dans le cœur,
Français dans l'âme,
Français de toujours.

INDIFFÉRENCE-DOULEUR...

Sa présence infligée apporte à ma vie,
Une ride qui se creuse sur mon visage,
Comme un mauvais pli sur ma ligne de vie.
Une crevasse où se niche son existence.
Et ces mensonges et ces ignobles tromperies,
Elle montre à quel point,
La vie des autres n'est rien.
Vivre veut dire repos, amusement,
Pour les autres, un travail ardu de tous les jours.
Devant elle, il faut faire les courbettes, se taire,
Ne rien dire et subir à chaque instant de la vie.
Combien de temps encore ?
Rien ne la touche, même pas l'amour,
La gentillesse, ni la colère, ni le désarroi,
Ni l'indifférence.
Elle brave le monde, et pense tout savoir.
La vie est bien différente.
Hélas, je dois supporter, subir,
À chaque instant de ma vie,
Et je n'en peux plus.
Qui aurait pu croire !
Qu'en lui ouvrant, mon cœur, ma maison,
J'allais souffrir autant.
Personne ne voit rien,
Tout est fait dans le dos,
Et bien sûr, qui on croit ?
Moi, non.
Je souffre, et personne ne comprend.
Tout est ma faute,
J'ai les épaules larges,

Elle sait manipuler, se faire dorloter,
Et qu'on s'apitoie sur son sort.
Moi, je reste là sans comprendre,
Dans ma douleur,
Et je dois vivre avec,
Et surtout ne rien dire et subir.

Le temps est loin, très loin...

Le temps est loin
De mon enfance,
De ces rires, sourires et balbuties,
Le temps est loin,
De mes chansons, carillons et murmures,
Le temps est loin de mes amours,
Le temps est loin, très loin.

Le temps est loin,
De cette petite fille,
Le temps est loin,
De ces champs, vignes et forêts,
Le temps est loin,
De ces rivières, fleuves et océans,
Le temps est loin, très loin.

Le temps est loin,
De ces regards aimants,
Le temps est loin,
De ces caresses,
Le temps est loin,
De ces mots doux,
Le temps est loin, très loin.

Le temps est loin,
De cette harmonie,
Le temps est loin,
De cette nature rayonnante,
Le temps est loin,

Des animaux murmurant à l'oreille,
Le temps est loin, très loin.

Le temps est loin,
De cette limpidité, ce calme,
Le temps est loin,
Du ciel, du soleil, de la lune éclairant mon visage,
Le temps est loin,
Du vent balayant mes cheveux,
Le temps est loin, très loin.
Le temps est loin de mon enfance.

MAMAN C'EST TOI...

C'est toi
Qui m'as portée, m'as donné le jour
Balancée, caressée, cajolée

C'est toi
Qui depuis toujours
M'as chérie, m'as aimée, m'as bercée

C'est toi
Qui as séché mes larmes
Adouci mes peines

C'est toi
Qui m'as offert mes premières armes
Contre la vie et la déveine

C'est toi
Qui m'offres ton épaule
Quand j'ai peur et que le jour s'achève

C'est toi
Qui me consoles
Quand je fais un mauvais rêve

C'est toi
Qui me supportes tout le temps
Qui me cèdes ce bonheur
Qui me fais sourire

C'est moi
À présent
Qui te rends cet honneur
Un peu, pour te séduire

C'est pour toi

Sincèrement
Ce petit mot de mon cœur
Juste pour le plaisir
Bonne Fête, tout simplement.

MA VIE

Moi, petite fille,
Dans l'inconscience de l'âge,
Qui souffre sans comprendre,
D'un bonheur qui ne saurait attendre.
Moi, femme-enfant, découvrant la vie,
Qui ne peut s'empêcher de l'aimer,
Même si elle en est rejetée.
Moi, femme, tout simplement femme,
Qui croit être sauvée,
Par cette main qui l'a caressé.
Moi et cette vie,
Qui vient de prendre place,
Pourtant ne faisant qu'une,
Je la regarde, je me regarde,
Et je revois ce visage d'enfant d'autrefois,
Qui a pleuré bien des fois.
Ce visage ridé,
Abîmé par le martyr,
De la souffrance morale surtout,
Mais tout le monde s'en fout.
Voilà ce que c'est d'aimer,
Quand même la vie,
Même si elle ne vous rend rien.
Le seul bonheur que j'ai eu,
Que j'ai et sans doute,
Que j'aurais, c'est de posséder des amis,
Des gens sur qui on peut compter,
Avec qui on peut parler,
Avec qui on pleure et on rit,
Qui vous écoutent,

Qui vous comprennent,
Qui ne vous jugent pas,
Mais qui vous aime
Tel que vous êtes.
Je sais que je suis très malheureuse,
Mais je n'en suis pourtant pas,
La plus malheureuse sur cette terre.
Et cela me fait pitié,
Qu'il y ait des gens,
Plus malheureux que moi,
Et cela me fait,
Un peu oublié, mes malheurs.
Avec le temps, j'oublierai,
Où plutôt j'enfouirais,
Au fond de mon cœur, tous ces souvenirs.

Mon Amour

Mon Amour,

Ce mot sonne dans mon cœur,
Comme un tambour.
Tout mon être est en émoi,
Mon cœur tressaille à ta vue.

Je revis auprès de toi,
Je souris en te voyant,
Je m'abandonne.

Tout mon corps tressaille,
Tout mon être t'appelle,
Mes yeux étincellent.
Mon visage s'éclaire,
Mon sourire revient.

Tout s'entremêle dans mon esprit,
Je me sens fondre dans tes bras,
Je deviens, enfant, petite fille, femme.

Mon amour, merci
Mon amour à jamais,
Mon amour pour la vie.

Toi et toi seul,
Tu as su trouver les mots,
Tu as su m'apporter confiance,

Tu as su m'emporter, vers des lendemains,
Merveilleux, heureux et surtout plein d'amour.

ODE À LA VIE...

Le temps passe,
La vie continue,
Et les années s'écoulent.

Le jour apparaît,
La nuit disparaît,
Et les lumières dansent.

Tout bouge,
Tout s'affronte,
Et le monde n'est que changement,
Tumulte et désordre.

Les yeux hagards,
Le cœur meurtri
Je joue avec les années,
Comme les années jouent avec moi.

Comme un souffle d'espoir,
J'entends le murmure du vent,
Qui balaie mon passé,
Ces années perdues, à jamais oubliées.

Le temps passe,
La vie continue,
Et les années s'écoulent.

Le bonheur jaillit,
L'amour s'épanouit,
Et le rêve renaît.

Je ne regrette rien, ni personne,
Ni les rêves insensés, d'un bonheur sans fin,
À jamais enfoui dans mon cœur,
Ni l'amour qui s'éveille et se balance,
Devant mes yeux émerveillés,
Chantant le renouveau,
Comme un oiseau sur la branche.

Le temps passe,
La vie continue,
Et les années s'écoulent.
Mon cœur s'emporte,
Ma tête explose,
Mon corps tremble.

Tout est rêve,
Tout est amour,
Et tout s'affronte autour de moi.

Devant un destin inconnu.
Et dont mon cœur tressaille,
De peur de découvrir que tout
Mon être est tourné vers une seule pensée, toi.

Le temps passe,
La vie continue,
Et les années s'écoulent.

Tout est joie,
Tout est amour,
Et le rêve devient réalité.

À l'horizon, tu apparais à mes yeux,
Et les mots, Amour, Bonheur, sonnent à l'unisson.
Tu es là, présent,
Mais, je n'ose ouvrir les yeux,
De peur que le bonheur qui s'éveille en moi,
Ne s'efface à jamais,
Et que l'amour qui m'envahit peu à peu,
Ne soit de nouveau balayé.

Le temps passe,
La vie continue,
Et les années s'écoulent.

Mes yeux étincellent,
Mon cœur chante,
Mon esprit divague.

Mais pour l'instant, je revis,
Et mon Amour est infini,
Et à jamais dans mon cœur,
Pour toi et pour toi seul,
Je resterai et resterai toujours la même.

ODE À MES PARENTS...

Le temps est loin de votre rencontre,
Du cinéma, de vos vingt ans.
Mais qu'à cela ne tienne, c'est pas fini.

Vous continuerez main dans la main,
Cette belle histoire de Pontoise.

Vous souvenez-vous de cette nuit,
La première fois vous vous êtes vus,
C'est elle que je veux,
C'est lui que je veux.

Vous vous êtes mariés,
Et quatre enfants vous avez eu,
Pour vivre ensemble un grand amour.

Les voyages vous connaissez,
Bateaux, avions vous avez pris !
Et main dans la main vous continuez.

Fêtons ensemble vos cinquante ans de mariage,
Tous unis auprès de vous,
Buvons le verre de l'amitié, l'amour, la joie.
Et fêtons ensemble vos noces d'or,
Et maintenant nous vous souhaitons tous, le bonheur mérité.

OÙ ES-TU LE TEMPS...

Le temps s'envole,
Les années s'écoulent.
Je reste là, sans comprendre.
Ma jeunesse loin derrière moi.
Que reste-t-il ?
Rien ou si peu.
Des années de galère,
Des années perdues à jamais.

Le temps ne pardonne pas.
Que de tristesse,
Que de malheur.
Une vie vide d'amour, de tendresse.
Des souvenirs d'angoisse, de peur se balancent devant mes yeux.
Où est ce bonheur tant cherché ?

Le temps passe si vite.
Une vie de gâchis, sans amour, ni joie,
Aucune épaule pour poser ma tête,
Se sentir en sécurité, une fois.
Où sont passées mes années ?
Loin, très loin.

Le temps s'éloigne devant moi.
Sans pouvoir éclairer mon visage torturé par la souffrance,
Des yeux hagards, pleins de larmes, coulant à l'infini,
Un sourire effacé depuis longtemps,
Un regard lointain, cherchant toujours un petit signe,
Un cœur à jamais brisé, qui crie au plus profond de mon être.

Où es-tu le temps de ma jeunesse ?
Où es-tu le temps des rires, des joies ?
Où es-tu le temps de mes amours ?
Je te cherche toujours et toujours,
Vais-je enfin te trouver le temps... ?

PAPA...

Quand je suis dans tes bras
Mon cœur bat tout bas
Tout bas

Quand tu me fais un bisou
C'est tout doux
Tout doux

Quand je suis sur ton cœur
Je n'ai plus peur
Plus peur

Quand tu me fais un câlin
Je n'ai plus de chagrin
De chagrin,

Mais quand je suis partie
Je m'ennuie à l'infini

Papa

Papa

Papa

PASSÉ-AVENIR...

Dix-sept ans déjà,
De tristesse, d'humiliation,
De coups, de mensonge,
Toute une vie anéantie,
À jamais gravée.
Que d'années perdues,
Que de temps passé,
À pleurer sous la torture,
Que de sensation d'anéantissement,
Qui à chaque instant apparaît,
Sans pouvoir s'effacer,
Seule, sans personne,
Dans le silence de la souffrance,
Le destin s'acharne,
Destin, sans avenir,
Dans un monde d'horreur,
Où tout est laideur,
Où tout est hypocrisie.
Lumière, rayon, au bout du chemin
Peut-être ?
Seul l'avenir peut y répondre.
Pour l'instant,
Revivre un mot qui sonne fort,
Comme un tambour.
Bonheur, vrai ou faux
Que de tumulte dans la vie ?
Jour après jour,
Revivre, Amour, Joie, Bonheur.
Raisonnement,
Pour longtemps ...!

La réponse est vague, dans les nuages
Dans nos cœurs.
Faut-il vivre cacher, au grand jour ?
La société est mauvaise,
Doit-on vivre pour soi, pour les autres ?
Que de heurts, encore.
L'âge n'a pas d'Amour,
L'âge n'a pas de raison,
Tourbillonne Amour autour,
Comme un élan de renouveau.
Dresse-toi contre toutes les barrières,
Casse le miroir qui sépare,
Ce bonheur tant attendu,
À jamais ancré dans le cœur,
Les entrailles, le corps de chacun.
Bats-toi à mort,
Gagne ! L'amour est le plus fort,
S'il est limpide, clair, réel,
Sincère comme l'eau de la rivière,
Descendant de la montagne,
Dans un tourbillon glacial et battant,
Prêt à renverser tout sur son passage,
Et revivre calme au fond,
Au fond de ces vallées verdoyantes.

QUE DE QUESTION SANS RÉPONSE...

Je suis là, au milieu de nulle part,
Seule, je regarde en haut, en bas,
Cherchant une réponse.
Le vide est là.
Où aller, où me tourner, que faire ?
Que de questions sans réponse.

J'erre dans ce monde que je ne connais plus.
Je me pose chaque jour des questions.
Mais aucune réponse ne vient.
Seule, les soucis apparaissent et n'en finissent pas.
Qu'ai-je fait pour n'être qu'une cible ?
Un agneau au milieu de tous ces loups.
Que de questions sans réponse.

J'aimerais enfin vivre, être libre, aimer,
Être aimée, et surtout libérée des soucis.
Qui pèsent chaque jour sur ma tête.
J'essaye de faire face,
Mais j'ai beaucoup trop de mal au fond de moi,
De tout ce que l'on m'a fait et fait subir.
Je ne suis pas une sainte, mais une simple femme,
Qui a envie de vivre, pleinement sa vie, et heureuse de vivre.
Que de questions sans réponse.

Ce monde-là, mon monde actuel n'est qu'un poison
Qui m'envahit peu à peu,
Me détruit, me rabaisse, me ronge jusqu'à la moelle.
Puis-je rester indifférente ?

Je frappe aux portes, la porte s'ouvre et se referme aussi vite,
Sans espoir, ni aide.
Que puis-je faire ? La rue, la mendicité, la mort ?
Je me le demande, ou être une certaine figure bien imaginée,
Et dont je ne ressemble nullement,
Et qu'on jette sans s'en soucier.
Le monde est pourri, il faut tout raser et recommencer.
Mais en suis-je capable ?
Que de questions sans réponse.

Toi...

Je regarde la mer et je te vois.
Je regarde à l'horizon, mon avenir, c'est toi.
Le vent m'effleure, on dirait toi.
Il pleut, mais je reste là,
À regarder dans les vagues si tu n'y es pas.
Quand tu n'es pas ici,
Il n'y a aucun sens à ma vie.
Mais ton esprit est présent en moi,
Je bouillonne, tu vis en moi.
Je ne te laisserai jamais partir,
Même si j'ai mal,
Je suis prisonnière, je ne peux fuir.
Il y en a qu'un comme toi,
Mais je te vois partout où mon regard se pose,
Même lorsque mes paupières sont closes.
Je rêve de toi, en fait, depuis longtemps,
Mais, je ne sais plus vraiment depuis quand.
Et je ne sais combien de fois je t'ai quitté,
Sans compter te retrouver.
Même dans des moments difficiles,
Ne plus t'aimer m'était impossible.
Je suis là toujours près de toi,
Et je te dédie ce poème,
Pour te dire que je t'aime.
Si je t'appelle « toi »,
C'est que ton prénom est trop sacré,
Et que moi seule est le privilège de le prononcer,
Avec toute la tendresse, la douceur, et l'affection,
Que j'ai pour « toi ».
Enfin, tout ça pour te dire,

Que tu es l'homme de ma vie,
Et que t'appartiennent,
Mon cœur, mon corps, mon âme et ma vie.

TOI, MON FILS MON AINE...

Toi, mon fils, mon aîné,
La lumière de ma vie.
Tu es né,
Tu as grandi,
Tu es devenu un homme.
Tu m'as apporté,
Tant de joie, de bonheur, d'espoir,
Pendant toutes ses années auprès de moi.
Tu as été à mes côtés,
Tu m'as soutenue,
Tu m'as aidée,
Dans les bons et mauvais moments.
Maintenant, tu as pris ton envol.

Toi, mon fils, mon aîné,
La vie n'est pas toujours rose,
Des hauts et des bas t'attendent,
Des joies, des chagrins.
Lève la tête et avance,
Dans ce monde sans pitié,
Fais ton nid,
Pense à toi,
Fonde une famille,
Regarde toujours devant toi,
Ne te retourne pas,
Laisse le passé derrière toi,
L'avenir est à ta porte.

Toi, mon fils, mon aîné,
L'amour, le vrai existe,
Cet amour donné ne blesse jamais,
Ne le rejette pas,
Ne le déçoit pas,
Ne le cherche pas,
Il est là, auprès de toi,
Présent depuis ta naissance,
Et te suivra jusqu'à la fin.
Bien sûr, tout n'a pas été parfait
Personne ne connaît la solution,
Mais, rien, n'est plus beau,
Que l'amour d'une mère,
Aucune mère n'est parfaite,
Et une mère parfaite n'existe pas.

Toi, mon fils, mon aîné,
Tu as un cœur pur,
Tu es sensible,
Plein d'amour et de générosité,
Tu as de grandes valeurs,
Prends confiance en toi,
Regarde autour de toi,
Avance la tête droite,
Le regard vers l'avant,
Avance vers ton destin,
Ne baisse jamais les bras,
Tu as devant toi, ton avenir,
Un avenir que tu choisiras,
Ne laisse pas les autres,
Détruire tes valeurs,
Tes faiblesses fais-en ta force,

Et continue ton chemin tout droit,
Ne dévie pas,
Car un seul faux pas,
La vie ne pardonne pas.

Toi, mon fils, mon aîné,
Prends ton courage à deux mains,
Avance, ne recule jamais,
Et accepte l'amour, le vrai amour,
Cet amour à jamais sera près de toi,
L'amour d'une mère est sans limite.

Toi, mon fils, mon aîné,
À jamais dans mon cœur,
Pour la vie,
Même dans le plus grand désarroi,
Je serai là, loin de toi, près de ton cœur,
Tu es toi, je suis moi,
Et tu seras,
Toi, mon fils, mon aîné,
Toujours au fond de mon cœur,
À jamais, pour la vie.
Toi, mon fils, mon aîné,
Mon amour, pour toi,
Sera toujours plus fort
Que nos différences,
Toi, mon fils, mon aîné.

TRISTESSE...

Tu vis en moi,
Tu m'emportes,
Tu me détruis.

Mon cœur bat à chamade,
Tu envahis mon esprit,
Et mon visage se ferme.

Mon sourire disparaît,
Mes lèvres tremblent,
Mes yeux s'éteignent.

Tu es là, je te vois,
Je te sens m'envahir,
Et pourtant je me bats.

Je te repousse,
Mais toujours et encore, tu reviens,
Inlassablement m'enlacer.

Le jour se lève,
Et tu m'emportes dans le noir,
Le soir tombe,
Mes rêves deviennent cauchemars.

La réalité est là,
Je ne puis rien contre ce destin,
Cet amour, à jamais dans mon cœur,

Enfoui au plus profond de moi-même.

Las de me battre,
Je me laisse emporter,
Dans un nuage, sans lendemain.

Cette tristesse, dont mon corps,
Mon amour, ma vie, se bat,
Toi seul m'en libérera.

UN AMOUR TOUTE UNE VIE...

Les années ont laissé des traces sur moi,
Je me sens anéantie, seule.
Qu'ai-je fait ? Rien !
Suis-je fautive ? Je ne sais pas !

J'avance dans le temps.
Ma jeunesse disparaît.
La vieillesse pointe à l'horizon.
Je ne veux pas vieillir.
Je veux rester jeune.
Là est mon problème.
Suis-je encore désirable !
Puis-je espérer être heureuse !
Vivre une passion !

La vie joue avec moi.
Je ne peux retenir mes sentiments.
Trop sensible, je m'enfonce.
Cet abîme est toujours là, présent.
Je fais surface, et je m'enfonce encore et encore.

Je me hais.
Je ne peux plus me regarder dans un miroir.
Je me déteste.
La jalousie prend le dessus.
Je voudrais arrêter le temps, revenir vingt ans en arrière.
Mais hélas, la vie continue d'avancer.
Je ne l'accepte pas.

Comment avouer mes sentiments.
Je cherche, et ne trouve pas.
J'ai peur de parler.
C'est l'abîme en face de moi, un trou noir sans lendemain.
Je le sais, et j'ai mal.

Je ne demande qu'un instant de bonheur.
Une grande passion, juste, le temps d'un été.
Un amour à jamais graver dans mon cœur.
Un moment de bonheur, inoubliable,
Qui m'aide à exister, que je suis une femme,
Pas un objet de décoration.
Me sentir aimer, protéger, respecter,
Même le temps d'un instant.
J'ai besoin de cet amour,
Pour me retrouver, et savoir que j'existe.
Je n'ai pas peur des autres, mais de nous.
La différence qui nous sépare.
Un abîme pour moi,
Car j'ai peur de me retrouver toute seule,
Sans connaître cette passion qui m'envahit, me retourne,
Et que je n'arrive pas à faire comprendre.

Je la vis à chaque instant auprès de lui,
Sans que lui sans doute vraiment.
J'ai peur de lui dire :
J'ai envie de toi près de moi.
Je vais garder cet amour d'été dans mon cœur,
L'enfouir sans en parler, sauf s'il comprend,
Et de venir vers moi.
Mais j'en doute.
Pourtant, je l'espère de tout mon cœur.

Que la vie est dure à vivre.
J'ai peur, de continuer à vivre dans la souffrance.
J'aimerais terminer ma vie dans ses bras,
Et l'enfouir dans mon cœur.
Aurai-je le courage de lui dire ?
Là, est tout le problème.

Un moment de folie entre deux êtres,
Mais à jamais graver dans mon cœur,
Et que je respecterai à tout jamais,
Car c'est un être qui mérite d'être respecté, aimé,
Et d'être heureux, et trouver l'être cher, qui le rendra heureux.
Je sais qu'il me respecte,
Mais j'ai envie de lui,
Et de ressentir des moments inoubliables passés à ses côtés,
En tant qu'être humain toute ma vie.

Bibliographie

Modvareil est un pseudonyme que j'ai inventé lorsque j'ai commencé à noircir des page sur mon journal intime à l'âge de 10 ans pour essayer d'exhorter tous mes maux, mes peurs, mon bonheur, mes joies... Je suis née à Talence en Août 1955.

Issue de l'union de mes parents en septembre 1952.

J'ai grandi une partie de ma vie dans le contexte militaire.

Aînée de quatre enfants, j'ai 2 frères, 1 sœur.

Ma vie n'est qu'une reproduction de l'affrontement d'une femme ouverte dans un métier d'hommes qui sait se faire obéir et respecter, et d'une femme renfermée dans une vie de couple qui subit les coups moraux et physiques sans se plaindre.

Mariée quatre fois et divorcée trois fois, de ces unions, une fille et trois fils ont vu le jour.

Et malgré tout, au fond de moi, je suis une femme-enfant.

Femme-enfant, je suis,

Femme-enfant, je resterai.

Conclusion

Les poèmes sont basés sur mes émotions liées à des événements vrais, endurés tout au long de ce long fleuve tortueux que j'ai emprunté toute ma vie : Passé-Avenir.

Des sentiments de Détresse, d'Amour, de Cri de douleur, d'Appel à l'injustice, d'Espoir, d'Indifférence face à ma douleur, de regret, de joie d'amour : tous ces sentiments se mêlant au fil des années, les uns dans les autres pour ne faire qu'une seule vie :

« *Chienne de Vie ou une Vie de Chienne* »

sous forme de roman, et dont à ce jour par l'intermédiaire de mes recueils de poésie, j'ai révélé certain de mes vécus, traumatismes.

Tout mon ouvrage s'appuie sur des faits réels, dont j'ai subi tout au long de ma vie, qui m'a poursuivi sans que je puisse me redresser toute seule.

À ce jour, l'heure de vérité est venue, et je me sens capable de passer outre les qu'en-dira-t-on, de braver, et montrer au monde que la souffrance peut se guérir.

Bien sûr, elle saura toujours là.

Nous pouvons vivre avec en harmonie, et dont j'expose dans mon prochain roman « *Renaître de ses Cendres*", qui apporte à la succession de mes recueils de poésie une entrée directe dans le vive du sujet de mon existence.

Table des matières

© 2020 Modvareil
Éditeur : BoD-Books on Demand
12-14 rond-point des Champs-Élysées, 75008 Paris
Impression : Books on Demand, Norderstedt, Allemagne

Illustration : Florent Lucéa

ISBN : 978-2-322-22381-7
Dépôt légal : Juin 2020